CHRONOLOGIE

DES DEUX PREMIERS LIVRES

DE

MANETHON.

PAR LE COMTE

JEAN POTOCKI.

Μανεθων περι τῶν αυτῶν λ'. δυναστειων γραψας . . . . εν τοῖς τρισι τομοις ριγ' γενεων, εν δυναστειαις Λ' αναγεγραμμενων, αυτων ὁ χρονος τα παντα συνηξεν ετη γφνέ . . . . και ληξαντα προ τῆς Αλεξανδρου τοῦ Μακεδονος κοσμοκρατοριας ετη ποδ ιε.

* * * * * * * * * * * * * *

Manéthon, écrivant l'histoire de leurs trente Dynasties, renferme dans ses trois livres une durée de 113 générations et de 3555 ans, qui finissent à peu près quinze ans avant la domination universelle d'Alexandre.

(George Syncelle p. 52.)

Avec permission de la Censure.

à St. PETERSBOURG, 1805.

De l'Imprimerie de F. Drechsler.

AVERTISSEMENT.

Le présent ouvrage fait suite à celui que j'ai fait imprimer à Florence, en l'année 1803. Je voulois alors prouver que le sens de Manéthon pouvoit être dégagé des fausses interprétations de Flavien, et qu'ainsi ramené à sa pureté primitive. Il n'offroit que des notions justes et vraies. Et j'y démontrois, encore que les écrits qu'Hérodote et Diodore ont vus entre les mains des prêtres de l'Egypte, étoient conformes en tout à celui de notre auteur. Aujourd'hui je donne à la même doctrine chronologique, une forme plus usuelle, mais qui me force à renvoyer pour les preuves à l'ouvrage imprimé à Florence, et j'avertis encore que mon travail n'a de nouveauté, que par une plus grande rigueur dans les preuves, car d'ailleurs mes recherches m'ont conduites à une Chronologie peu différente de celles de Lenglet du Fresnoy, et je me félicite de n'avoir point à fatiguer le monde savant par de nouvelles incertitudes et par l'exposition d'un nouveau système.

NB. Les années sont comptées avant l'ère chretienne.

ERRATA.

Pag. 2. Thénit. . . . lisez Phénix.
— 5. nome sans, — même sens.

DYNASTIES

DU CYCLE SOTHIAQUE,

OU

PREMIER LIVRE DE MANETHON.

Texte de Manéthon			*Texte d'Eratosthènes.*		
3670	MENES.	Lorsque les Dieux Manes eurent fini, aussi bien que les Demi-Dieux. Ménès regna sur les Egyptiens, et toutes les suites de Rois remontent à lui. Ménès le Theïnite regna pendant soixante ou soixante deux ans. Il perit enfin ayant été enlevé par un Hippopotame Ispus. Les uns lui donnent 7 descendants, d'autres 17.	3670	MINES.	Le premier qui règna en Egypte fut Mines le Thébinite. Mines en Egyptien veut dire Divin. Mines règna 62 ans. NB. Ce sur-nom de Thébinite doit avoir été imaginé par le Syncelle. La famille de Menes étoit originaire du Nome Theïnite, dont Abydus étoit la capitale.
3609	ATHOT.	ou Athostis, fils de Menes regna 57 ans. Il fonda ou peupla Memphis. Il exerça la Médecine et l'on a de lui des livres sur l'Anatomie.	3609	ATHOTES	Fils de Mines et second Roi règna 59 ans. Son nom en Egyptien veut dire né de Mercure.
3553	KENKENES.	Fils d'Athot règne 31 ans.	3553	ATHOTES 2.	Règne 32 ans.
3523	VENEPHES.	Fils de Kenkenes règne 23 ans. De son tems il y	3523	DIABIES	Fils d'Athotes règne 19ans. Son nom veut dire plus aimable.
			3505	PEMPHOS	Fils d'Athotes règne 18 ans.

Texte de Manéthon.

		eut une grande famine. Il éleva des pyramides à Kochomen ou Kochonen.
3501	USAPHEDUS	ou Usephaes, fils de Venephes, règne 26 ans.
3482	MIBIEDUS	ou Niebes, fils d'Usaphedus, règne 20 ans.
3457	SEMEMPSIS	ou Simempses, fils de Mibiedus, règne 18 ans. De son tems la peste désola l'Egypte et l'on vit des prodiges affreux.
3440	BIENACHES	ou Ubienthes, règne 26 ans.

Seconde Dynastie Thëïnite.

3415	BOETHUS	ou Bochus, règne 38 ans. Sous son règne l'Egypte fut désolée par la famine.
3378	KEACHOS	ou Choos, règne 39 ans. Sous son règne l'Egypte commence à adorer de nouveaux Dieux. Le boeuf Apis à Memphis. Le boeuf Mnèvis à Héliopolis et le bouc Mendes.
3340	BINOTHRIS	ou Biophis Reine, règne 47 ans. De son tems on porte une loi qui admet les femmes à règner.

Texte d'Eratosthènes.

		Son nom en Egyptien veut dire issu d'Hercule.
3488		

Il paroit, qu'ici la branche de Thebes ayant fini, ce royaume fut reuni à celui de Memphis.

Comme Manéthon n'avoit donne les noms que d'un petit nombre de Rois de Thebes, Ptolemée Evergetes, ordonna à Eratosthènes, de prendre dans les archives de Thebes les noms de tous les Rois qui y avoient règnés. Celui-ci s'acquitta de sa commission. Il écrivit d'abord le nom de Ménes et de quelqu'uns de ses descendants.

Puis lorsque Thébes devint une province du royaume de Memphis, il laisse une lacune, ne marquant sur sa liste que quelques Rois très fameux.

Nous ne savons point au juste quelle fut la première forme de cet ouvrage, car George Syncelle a pris les noms des Rois dans Apollodore, qui les avoit pris dans Eratosthènes, mais on voit qu'ici étoit une lacune, jusqu'à l'elévation de la première Dynastie Heracleotique.

Mais au milieu de cette lacune, nous voyons un prince aux membres robustes, qui doit ce semble être le Sessochris aux larges epaules, et qui se trouve dans les deux listes.

Sessochris est un mot Egyptien, composé de Ses Roi, et de Ochris victorieux. C'est là ce que les Grecs rendoient par Sessostris.

Le Sessochris aux membres corpulents est precisément le Sessostris de Tacite, qui étoit antérieur à Evergete de deux périodes Sothiaques. Voyez annales L. 6. C. 28.

Texte de Tacite.

D'autre assurèrent que la période d'un Thénit est de 1460 ans, que

Texte de Manèthon.

3294	TLAS	Règne 17 ans.
3278	SETHENES	Règne 48 ans.
3238	CHAERES	Règne 17 ans.
3222	NEPHERCHERES	Règne 25 ans. Sous son règne les eaux du Nil eurent pendant onze jours la douceur du miel.
3198	SESSOCHRIS	Règne 48 ans. Sa taille étoit haute de cinq coudes, et ses épaules avoient trois coudées de large.
3151	CHENERES	Règne 30 ans.

Première Dynastie Memphite.

3122	NECHEROPHES	ou Nacherochis, règne 28 ans. Sous son règne les Libyens se revoltèrent. Mais appercevant quelque chose d'extraordinaire dans le disque ou dans le cours de la lune, ils se soumirent.
3095	TOSORTHRUS	ou Sessorthrus, règne 25 ans. Il passe pour un grand Médecin. Il doit aussi avoir inventé l'art de bien couper les pierres, et d'y graver des caractères.
3071	TYRIS	règne 7 ans.
3065	MESOCHRIS	règne 17 ans.
3049	SOPHIS	règne 16 ans.
3034	TOSERTHATIS	règne 19 ans.

Texte d'Eratosthènes.

		le prémier parut sous le règne de Sessostris, le second sous celui d'Amasis, et le troisième sous Ptolemée Evergètes, qu'on le vit s'abattre à Héliopolis.
3198	TOIGAER, AMACHOS, MOMCHIERI	Règne 79 ans. Son nom veut dire: homme aux membres corpulents.
3120	STAECHOS	Fils du précédent, règne 6 ans. Son nom veut dire: Mars l'insensible.

Première Dynastie Hèracléotique, règnante à Thèbes.

3015	GOSORMIES	Règne 30 ans. Son nom veut dire: tout à l'amitié.
2986	MARIS	Règne 26 ans. Son nom veut dire: donné par le soleil.
2961	ANOYPHES	Règne 20 ans. Son nom veut dire: le fils commun.

Texte de Manéthon.		
3016	ACHIS	règne 42 ans.
2965	SIPHVRIS	règne 30 ans.
2936	KERPHE-RES	règne 26 ans.
Seconde Dynastie Memphite de la famille de l'autre royaume. (*Preuve qu'il y en avoit deux.*)		
2911	SORIS	règne 29 ans.
2882	SOUPHIS	regne 29 ans; ce fut lui qui éléva la grande piramide, qu'Hérodote attribue faussement à Chéops. Il fut surnommé Peroptes ou le voyant, et mis au nombre des Dieux. Il a écrit un livre sur la réligion que moi (Manéthon), j'ai achêté en Egypte comme une chose très précieuse.
2857	SOUPHIS	règne 27 ans.
2831	MENCHE-RES	règne 63 ans.
2769	RATESES	règne 25 ans.
2745	BICHERES	règne 22 ans.
2724	SEBERCHE-RES	règne 7 ans.
2718	THAMPTIS	règne 9 ans.

Texte d'Eratosthènes.		
2942	SIRIUS	Règne 18 ans. Son nom veut dire Filius Genae. Mais on l'appelle aussi Abascantus.
2925	CHNUUBUS, CNURUS	Règne 22 ans. Son nom veut dire: Filius Aureï vel aureae.
2904	RANOSIS	Règne 13 ans. Son nom veut dire: le prince des forts.
2892	BIYRIS	Règne 10 ans.
2882	SAOPHIS.	Le Chevelu, ou selon d'autres le négociant, règne 29 ans. J'ai adopté pour les deux Saophis les années d'Eratosthènes, parce qu'il n'est point naturel de voir trois règnes de suite de plus de 60 ans chacun.
2857	SEN-SAOPHIS	ou Saophis second, règne 27 ans.
2331	MOSCHE-RIS	ou Héliodore, règne 31 ans.
2801	MUSTHIS	Règne 33 ans.
2769	PAMMVS ARCHON-DES	Règne 35 ans. Ici finit apparemment la première Dynastie Héracléotique, que Jule l'Africain fait de 409 ans, et Eusebe de cent. Chez nous elle en a 280. Tout ce qui s'appelle chifres, est rempli d'erreurs, lorsqu'il s'agit d'époques si éloignées. Cette Dynastie doit avoir été originaire d'Héraclée, dans le nome Sethroïte. Aussi voyons nous dans Manéthon, que le nome Sethroïte étoit le chef lieu d'une ancienne dévotion, déjà surannée lors de l'entrée des pasteurs
2735		

Texte de Manéthon.			Texte d'Eratosthènes.		
Dynastie de ceux d'Eléphantine.					
2710	USERCHE-RIS	règne 28 ans.			Tyr fut fondée vers l'an 2750, selon que les prêtres d'hercule, le dirent à Hérodote: ce qui jette un grand jour sur ce que Sanchoniaton dit de la famille de Memrumos qui fonda Tyr.
2673	SEPHRES	règne 13 ans.			Dans cette famille les fils prenoient les noms de leur mères, parceque les pères étoient toujours incertains, soit qu'ils fussent dieux ou mortels. Ce fut Cecrops, qui ôta aux femmes d'Athenes le droit, de faire porter leurs noms à leurs fils.
2661	NEPHER-CHERES	règne 20 ans.			
2642	SISIRIS	règne 7 ans.			
2632	CHERRES	règne 20 ans.			Si l'on veut comparer ce passage de Sanchoniaton, avec le sixième chapitre de la Genèse, verset 4.
2613	RATHURIS	règne 44 ans.			Il faut observer qu'Elohim y est pris dans le même sans que dans livre de Job. c. 1. vers. 6.
2570	MERCHE-RES	règne 9 ans.			Ces anciens habitans du mont Liban étoient les Hermiut. Voyez Abulfarage. Le juif Artapan, apud Eusebium l. 9. c. 18. etc.
2562	TARCHE-RES	règne 44 ans.			
2519	OBNOUS	règne 33 ans.			
	OTHOES	ou Achtoes, tyran cruel, règne entre les deux Dynasties Héracléotes et entre les deux Dynasties Eléphantines. Les années de son règne ne sont point comptées, probablement elles rentroient dans le règne d'Obnous et dans celui de Phius. Othoes fut tué par ses gardes, d'autres disoient par un crocodile.			
Dynastie Memphite, qu'Eusebe compte pour Eléphantine.					Les quatorze rois des deux dynasties Elephantines et les quatre du troisième livre de Manéthon font précisément les 18 Rois Ethyopiens d'Hérodote, qui parle aussi de la Reine Nitocris. Preuve que les prêtres lui ont produit une liste toute semblable à celle de Manéthon.
2487	PHIUS	règne 53 ans.			
2429	METHUSU-PHIS	règne 7 ans.			
2423	PHIOPS	monte sur le trône à 6 ans; et en vit cent.	2423	APAPUS le grand.	On dit qu'il a règné 100 ans, moins une heure. (Peut-être, moins une durée de quatre mois, inventées par Horus.)
2328	MENTESU-PHIS	règne 1 an.	2328	ACHESCUS OCHARRAS	règne 1 an. (Il doit être le même que Mentesuphis.

	Texte de Manèthon.				Texte d'Eratosthènes.
2327	NITOCRIS	la plus noble, la plus belle des femmes de son tems, et celle qui avoit les joues les plus rouges. Elle fait élever la troisième piramide. Elle règne 12 ans.	2327	NEITOCHRIS	Reine, se saisit du sceptre de son mari, et règne 6 ans. Son nom veut dire Minerve victorieuse. Ces quatre princes ne forment point une Dynastie, mais il s'en forme une pendant les troubles qui suivent la mort de Nitocris.
2316	*Dynastie Memphite qui ne dure que 70 jours.*				
2316	*Dynastie Memphite qui dure 146 ans.*		2316	*Seconde Dynastie Héracléote qui dure 185 ans.*	

2209 Dernière année du Cycle Sothiaque, cent et septième des deux Dynasties; et la Chronologie du livre second de Manéthon a déjà des bases toutes différentes.

Le passage, mis en épigraphe, à la tête de ce volume, fait aussi le fondement de toute notre chronologie. L'on y voit, que l'histoire de Manéthon remontoit à l'an 3901, d'ont j'ôte 211 ans, pour le règne des huit demi-dieux, parce que ce nombre est moyen entre la durée que donne Manéthon et celle de l'ancienne chronique. J'en ôte encore 20 ans pour le règne de Zevs, et j'ai le règne de Ménes à l'an 3670. Dont j'ôte 1461 ans pour le Cycle Sothiaque, et je finis le premier livre de Manéthon vers l'an 2209 avant notre ère.

C'est vers le même tems que commence l'histoire de l'Asie, et celle-ci a des bases également sûres, puisqu'en dernier lieu elles reposent sur les Annales de Babylone, traduites en Grec par Bérose.

La Genése fait aussi mention de ce Belus, sous le nom de Nimbrod ou le rebelle, et les écrivains Persans sous le nom de Dgiamschid. Ils n'en disent pas positivement la même chose, mais cette contradiction n'est qu'apparente et prouve seulement, qu'ils ne se sont point copié; ce qui ajoute à la valeur de leurs témoignages. Or donc pour en faire le collationnement, nous rémonterons au père de Belus.

CHUSH selon les Hebreux.	HUSCHENG selons les Persans.	SYDYK selon Sanchoniathon.
Chusch veut dire Ethyopien en Hebreu, et les septante l'ont toujours traduit ainsi.	Huscheng fonda la monarchie de Suse ou du Khousistan, qui étoit l'Ethyopie de Memnon selon Strabon	*NB. Observez que Sanchoniathon confond les nouveaux Titans avec les anciens.*

	L'Ethyopie qui fut conquise par Semiramis.	
	Eusébe dit, que des Ethyopiens sont venus des bords de l'Indus.	
	Huscheng est le premier Roi de la race des Pischdadiens, ce qui, dans la langue Pehlevi, veut dire Justiciers.	Sydyk en Phénicien vouloit dire juste.
Chusch fut père de Nimbrod, qui fut le premier Guibor ou Grand.	Huscheng fut père de Dgiam - Schid.	De Sydyk sont venus les Kabires, qui est le même nom que Guibor, l'un et l'autre se dit encore en Arabe, et veut dire grand.
NIMROUD selon les Hébreux.	DGIAMSCHID selon les Persans.	BELUS selon les Chaldéens.
	Ce nom veut dire Soleil rayonnant.	Belus étoit le nom du soleil chez les Chaldéens, et Babylone étoit la ville du Soleil.
	Dgiam Schid aspire à être regardé comme un Dieu.	Belus est mis au nombre des Dieux, même de son vivant.
	Dgiam-Schid est abandonné de tous les siens.	Belus est abandonné par la plupart des Géants, selon Moyse de Khorenne.
Nimbrod a beaucoup à souffrir de la revolte de Azdahak Biurasp, selon Moyse de Khorenne. Nimbrod commença les Géants sur la terre, selon la Génese.	Dgiam-Schid à beaucoup à souffrir de la révolte de Zohak Biurasp.	
		Belus fut le chef des Géants selon Moyse de Khorenne.
		Selon Sanchoniaton.
Et il fut un Guibor Tzit devant la face du Seigneur. C'est-à-dire un géant chasseur. *C'est pourquoi l'on dit: „comme*	Selon Moyse de Khorenne les Kuchhites étoient des Vagabonds.	*Dans ce tems là furent aussi les chasseurs, que l'on appella vagabonds et Titans.*

Nimbrod géant chasseur devant la face du Seigneur.		Il est clair, que T z i t en Hébreu faisoit T h i t en Phénicien, au pluriel T z i t i m, en Hébreu, T h i t a n en Phénicien.
Et le commencemēnt de la royauté de Nimrod fut Babel, Achad et Chalane dans la terre de Sennar.	Dgiamschid, frère de Thaimuras, sortant de son pays à la tête des Titans, dut d'abord entrer dans l'Irak, le Sennar et Babylone.	Bélus règna dans Babylone.

Je ne fais qu'indiquer ces rapprochements, mais si l'on veut se convaincre de l'identité, l'on doit étudier l'histoire de ce siècle, et l'on verra que Dgiamschid, Nimroud, c'est-à-dire rébelle à son frère Thaïmuras, sortit du Khousistan avec ses guerriers Kuschites, et s'établit à Babylone, où il fut appellé Bel ou le Seigneur. Là il fut joint par des guerriers A s i e n s, qui habitoient au nord du Phase, par des guerriers T h o g a r m e s ou anciens Phrygiens, par des guerriers M a r, ensuite appellés Médes, par des guerriers Araméens ensuite appellés Syriens.

Il résulta de ce mélange une societé de guerriers vagabonds, qui se divisant par bandes, erroient dans l'Asie, s'occupant de la chasse, et vivant aux dépends de la classe tranquille des cultivateurs.

Il n'y a point de nation ancienne, qui n'ait eu un nom pour désigner les Titans. Les Hébreux les appelloient G u i b o r - T z i t, les Arméniens S c a ï, les Persans K a ï et P e h l e v a n, les Egyptiens A p h o p h.

Il y a aujourd'hui vingt huit siècles, que le sage successeur de David observoit avec beaucoup de justesse, qu'il n'y avoit rien de nouveau sous le soleil, et cela étoit déjà vrai, douze siècles avant lui, car long tems avant les Titans de Belus, il y en avoit eu d'autres que la Génese appelle, non pas Guibor mais Nephelims.

Belus mourut et fut mis au rang des Dieux, et ce qui prouve que les Titans disposoient de tous les bras du peuple, c'est qu'ils élevèrent à Belus un tombeau, dont Hérodote parle en ces termes.

Texte d'Hérodote.

Le temple de Jupiter Belus aux portes d'érain, subsiste encore aujourd'hui. C'est un quarré dont chaque côté a deux Stades de longueur. Au milieu est une tour solide, qui a un stade de hauteur, et autant sur chaque côté de la base. Sur cette tour est une autre tour, puis une autre jusqu'à la huitième. L'on monte sur chaque tour, par des éscaliers pratiqués au dehors, avec des sièges pour s'asseoir etc.

Texte de Strabon.

A Babylone est aussi le temple de Bélus, qui dit-on, a été renversé par Xerxes. C'étoit une pyramide quarrée, construite en briques; elle avoit un Stade de hauteur, et chaqu'un de ses côtés en avoient autant. Alexandre eut l'idée de reconstruire ce momuennt. Il employa dix mille hommes pendant deux ans, à nettoyer le terrain; sa mort mit fin à ces travaux.

Voilà donc un témoignage bien authentique sur le règne de Bélus, et de plus, on voit encore aujourd'hui près de Bagdad, un immense amas de briques, que les gens du pays appellent la tour de Nimbrod. Quant au tems où il a vécu, il ne peut-être régardé comme douteux, puisque Berose, traducteur des Annales Chaldéennes, l'avoit donné, et par générations, et par nombre d'années.

Flavien dit, que Bérose, après avoir parlé du déluge, déterminoit aussi le nombre des générations qui s'étoient écoulées depuis. (contra Apionem).

Et le Syncelle dit: Bérosus atque ejus Seguaces Polyhistor et Abydenus (page 14.)

Et Moyse de Khorenne dit: „Abydene, auteur digne de foi, s'exprime ainsi: „Ninus étoit né d'Arbelus, qui étoit né de Chéalus, qui étoit né d'Arbelus, qui étoit né d'Anébis, qui étoit né de Babius, qui étoit né de Belus.

Enfin le Syncelle, puisant aux mêmes sources (p. 94.), nous donne la durée entière, depuis le commencement de Belus, jusqu'à Sardanapale, et fixe ainsi son époque au milieu du vingt troisième siecle, avant notre ère, qui est le dernier de la periode Sothiaque des Egyptiens.

C'est ici le lieu de parler du second Mercure, sur lequel Abulfuradje nous donne les notions suivantes: „Le second Hermes est le Babylonien, qui habitoit à „Chalvada, ville des Chaldéens et florissoit à près le Tufan (grande inondation.) Le „premier il édifia Babylone, après Nimrod, fils de Cusch.

Dans un autre endroit Abulfaradje dit: que le Roi que les Arabes appellent Bostanser, s'appelle en Syrien Nebuchadnesar, ce qui veut dire l'Hermétique, et que ce nom lui avoit été donné, parce qu'il avoit protessé la philosophie Hermétique. Mais pour peu que l'on soit innitié aux langues orientales, l'on sait, que Nabu veut dire: Prophète. Khadmn veut dire: antique. Ainsi le nom entier veut dire: Prophète de l'antique Esar.

Mais à présent prenons Sanchoniaton, et nous verrons qu'il à eu un Prophète Isiris, frère de Chna ou Chanaaan.

Et c'est ainsi que les notions historiques, que l'on croyoit les plus isolées, se rattachent à d'autres, et nous conduisent à l'antiquité la plus reculée, mais jamais à plus de quarante et quelques siècles avant notre ère.

DYNASTIES

DU SECOND LIVRE DE MANETHON.

Suite de la Dynastie Memphite. *Suite de la Dynastie Héracléotique.*

. . . .

2208.

Pendant les 9 dernières années de ce siècle, les deux Dynasties ont continué à subsister, et elles ont encore empieté considérablement sur le siecle suivant. La Dynastie Héracléotique s'est formée en même tems que la Memphite; mais elle dure environs 40 ans de plus. Ce qui fait supposer, que la Dynastie Diospolite de 43 ans y est comprise. En effet l'on observe que dans Manéthon, lorsqu'une Dynastie acquiert l'Egypte entière, où même un accroissement de territoire, elle est appellée une nouvelle Dynastie; delà vient aussi, que Manéthon met la Dynastie Diospolite parmis les Dynastie Sothiaques, comme une continuation de la Dynastie Héracléotique, et Diodore de Sicile met au contraire les fondateurs de Diospolis, hors du cycle Sothiaque, comme ils étoient en effet.

Et j'observerai à ce sujet, que les grandes époques de la chronologie, doivent être fondées sur l'accord des écrivains des nations différentes, comme par exemple sur l'accord des historiens Egyptiens, Hebreux et Grecs. Mais que les durées particulières, doivent être cherchées par approximation, d'autant que les copistes y ont fait mille fautes, qui n'ont pu être corrigées. On sait, que le temple de Salomon a été bati 480 ans après la sortie d'Egypte, et si un copiste avoit mis 490, l'autre l'auroit corrigé. Il n'est pas de même des durées particulières du livre des juges, qui n'etoient pas dans la bouche de tout le monde, aussi lorsqu'on en prend la somme, on la trouve plus forte de beaucoup. Alors il s'agit de retrouver ces durées, soit par les générations, ou par d'autres méthodes.

Nous verrons plus loin un grand exemple d'une correction, faite par les septante interprêtes, et sans laquelle les Hebreux n'auroient point de chronologie.

Années	Suite de la Dynastie Memphite	Suite de la Dynastie Héracleote	Événements
2199			Belus étant mort, les Guibors Tzit ou Titans fondent diverses monarchies.
98			
97			
96			
95			
94			
93			
92			
91			
90	. . . .		Manougeher règne à Suse dans le Khousistan. On peut le regarder comme le troisième Roi de la Dynastie des Pischdadiens, de laquelle il faut retrancher Zohak et Feridoun, qui n'y appartiennent point.
2189			
88			
87			
86			
85			
84			
83			
82	. . . .		Nodar succède à Manougeher. Naissance d'Anébis petit fils de Bélus.
81			
80			
2179	*Dynastie Diospolite*, qui fait suite à l'Héracleotique.		Dans la septième année du règne de Nodar, Affrasiab Roi des Scythes fait une invasion en Asie.
78			
77			
76			
75	BUSIRIS I.		Le nom de ce Roi ne se trouve que dans Diodore de Sicile.
74			
73			
72			
71			
70			
2169			
68			
67	Six Rois anonymes.		Les Gomérites, génés par l'invasion des Scythes, quittent la haute Asie, et vont vers l'occident. (Flav. Jos. in principio.)
66			
65			
64			
63			
62			
61			
60	. . . .		Arménac règne en Arménie. Arménac étoit un chef de Thogarmes ou anciens Phrygiens. Marybas de Catina, cité par Moyse de Khorène, dit qu'Arménac en s'enfonçant dans les montagnes, y trouva d'autres hommes, et c'est leur langue que les Arméniens parlent aujourd'hui. Elle n'est même une langue que depuis que le Moine Miesrob lui à donné un alphabet. Auparavant les Arméniens n'avoient de langue écrite que l'Assyrien.
2159			
58			
57			
56			
55			
54			
53			
52			
51			
2150			

2149	BUSIRIS II.	L'année de son règne est incertaine. Selon Diodore il fonda Diospolis.
48		
47		
46		
45		Zab succède à Nodar.
44		
43		
42	Huit Rois anonymes.	Naissance d'Arbélus, fils d'Anébis.
41		
40		
2139		
38		
37		Arameïs succède à Arménac Roi d'Arménie.
36		
35	*Dynastie*	
34	*Diospolite.*	
33		
32		
31	AMMENEMES.	Règne 16 ans.
30		
2129		
28		Les Gomérites en s'avançant vers l'occident, ne l'ont point trouvé désert. Strabon est formel sur ce point. Il dit: „Les Turdules habitent sur „le fleuve Boëtis. Ils passent pour les plus sages d'entre les habitants „de l'Iberie. Ils ont des monuments historiques, écrits, des poëmes „et des loix, conçues en vers dont l'antiquité remonte à six mille ans. — Les anciens appelloient ces peuples Iglettes (p. 204, 252.)
27		
26		
25		
24		
23		
22		
21		
20		
2119		
18		
17		
16	SESSONCHORIS.	Fils d'Amménemes ou Ammanémes, règne 46 ans.
15		
14		Strabon nous fait connoître un autre peuple, qui n'étoit ni Celte ni Ibère; ce sont les Vascones, qui habitoient les Pyrenées, et dont la langue aujourd'hui même, n'a de rapport avec aucune langue connue. Les Vascones s'étendoient dans une partie de la Gaule, où ils étoient appellés Aquitaniens.
13		
12		
11		
10		
2109		Aujourd'hui on appelle les uns Basques, et les autres Gascons, les premiers seuls ont conservé leur langue.
8		
7		L'on ne connoit non plus aucune origine aux Sicaniens et aux Lestrigons, habitants de l'Italie et de la Sicile.
6		
5		
4		Si l'on suit l'analogie et que l'on juge des tems inconnus d'après ce qui s'est passé dans les tems historiques, l'on doit croire que les Ombriens, les Rhêtiens, et autres peuples Celtiques n'étoient point d'abord assez nombreux pour remplir d'aussi vastes contrées. Mais que par la conquète ils se sont assi milés des peuples dont le nom même ne nous est pas parvenu.
3		
2		
1		
2100		

2099	Suite de la Dynastie Diospolite.	Amasius succède à Arameïs Roi d'Arménie.
98		
97		Les anciens bien que très curieux d'origines, n'avoient point comme nous l'habitude de faire des vocabulaires, et nous même n'en faisons que depuis peu de tems, mais lorsqu'il y avoit homogeneïté entre deux langues, les anciens manquoient très rarement d'en faire l'observation, les exemples en sont si nombreux, que l'on peut presque affirmer que toutes les fois que l'on ne trouve dans aucun auteur que deux peuples fussent Homogenes, ou parlassent la même langue, c'est qu'il n'y avoit reellement aucune homogeneïté.
96		
95		
94		
93		
92		
91		
89		
2090		Strabon s'est particulièrement attaché à rétrouver les peuples d'origine Thrace, mais ni lui ni aucun écrivain n'a trouvé que les Illyriens eussent des rapports d'origine avec quelque peuple que ce fut.
88		
87		
86		
85		Mais tout à côté, des Illyriens étoient les Thraces, et tous les peuples connus ensuite sous le nom de Pélasges, qui étoient de race Japhètique.
84		
83		
82		Pour peu que l'on connoisse et que l'on ait étudié l'histoire de ces tems reculés, l'on ne peut douter, que la langue Albanoise d'aujourd'hui ne soit celle de l'ancienne Epire, et par conséquent un dialecte Pelasgique.
81		
80		
2079		
78		Au nord des Thraces étoient les Gètes de même race qu'eux, et à l'Est de ceux-ci étoient des peuples Nomades que les Grecs ont connus sous le nom de Getes éloignés, ou Massa-Getes, bien qu'ils ne fussent pas Getes.
77		
76		
75		
74		Les Grecs les appelloient aussi Meotes et Jadzygs, et les Orientaux les appelloient Majouges, et Jajouges. Ensuite ils furent appellés Sarmates.
73		
72		
71		
70		
2069		
68		
67		
66		Gélamius sussède à Amasias, Roi d'Arménie.
65		
64		
63		
62		
61	AMMENEMES II.	Règne 38 ans. Il est tué par ses propres Eunuques.
60		
2059		
58		A l'est des Massagetes, étoient les Scythes-Sakes ou Turcs-Tartares, et il est à remarquer que les deux grandes races Nomades, à savoir les Arabes et les Tartares, n'ont changé ni de place ni de moeurs.
57		
56		
55		Au midi du Touran ou pays des Scythes étoit le Iran ou pays des Medes, (Arianiens selon Herodote.) La race Mede s'étendoit fort avant dans le nord de l'Inde, et le Samscret est une langue de cette race.
54		
53		
52		A l'est de l'Iran étoit le Ser-hind ou pays des Seres souvent confondus avec les Sines ou Chinois. Il y a lieu de croire que les Seres ont peuplé la Chine qui a en l'année 2297 avant J. C. avoit été devastee par des inondations subites.
51		
50		

Année		
2049	Suite de la Dynastie Diospolite.	
48		Les observations de Tournefort et de Pallas réunies au témoignage de Pline (qui dit: „Taurica olim mari circumfusa), semblent démontrer, que la mer Caspienne, l'Euxin, et l'Hellespont étoient alors des Lacs, qui se dégorgeoient les uns dans les autres, comme ceux du Canada.
47		
46		
45		
44		
43		Et que le dégorgement de la mer Egée, se faissoit par un canal, qui avoit à l'Est Nicaria Pathmos Stanchio, et à l'Ouest, Tine, Naxos, Stampala. Le pays n'étant point encore un archipel.
42		
41		
40		Les causes naturelles qui ont produit ces effets agissent encore sur la fond de la mer d'Azof.
2039		
38		
37	. . . .	Vers l'an 2037 Ninus, commence à règner à Ninive.
36		
35		L'Asie séparée de l'Europe par cette suite de Lac, offroit plusieurs royaumes policés, ou l'Astronomie étoit même cultivée. Elle l'etoit entre autres à Zariaspa, chef lieu de la race de Madaï. C'est à cette latitude et non point à celle de la Siberie que doivent être rapportées, les conjectures de Mr. Bailly.
34		
33		
32		
31		
30		
2029		
28		
27		
26		
25		ou plutôt Ses-Ochris, surnommé aussi Osimandias, son vrai nom étoit Vessosis ou Vexoris, règne 48 ans.
24	SESSOSTRIS	
23		
22		
21		
20		Aramus, Roi d'Arménie fait la guerre à Barsamus, le Syrien de la race des Géants, et à Papus le Chalide, Prince Titanide et chef d'une colonie d'Asiens sur le Caystre. (Voyez Moyse de Khorenne).
2019		
18		
17		
16		
15	. . . .	Sessostris ayant imprudemment attaqué les Scythes, est obligé de fuir devant eux et de se retirer en Egypte. Les Scythes dominent en Asie pendant 15 ans.
14		
13		
12		
11		
10		Justin dit: „Scytas ab Egypto Paludes prohibuere — Quindecim annos „paccandae Asiae immorati uxorum flagitatione revocantur — his igi„tur Asia per mille quingentos annos vectigalis fuit.
2009		
8		
7		Il est clair qu'il faut lire quindecim et non pas mille quingentos.
6		
5		
4		
3		
2		
1		Ninus defait les Scythes et fonde une monarchie.
2000		

1999	Suite de la Dynastie Diospolite.		L'histoire de l'expédition de Sessostris en Asie, a été représentée dans un basrelief, qui a été décrit par Diodore de Sicile, vingt siècles après Sessostris, et ensuite destiné par Monsieur Denon, trente huit siècles après la même époque. Nous ne devons donc pas être surpris de voir, que Manéthon ait eu des notions historiques sur le commencement de la periode Sothiaque, dont il étoit à trente quatre siècles. Vivant dans le pays dont il écrivoit l'histoire et sachant la langue sacrée de ces tems là. De plus il y avoit eu un écrivain intermédiaire. C'étoit le dernier Thôt scribe sacré du tems de Sessostris, qui avoit copié et traduit en langue vulgaire les colonnes sculptées dans la terre Syriadique, c'est-à-dire à Méroé dans le pays traversé par le Syris (aujourd'hui Takatzé). Sur quoi j'observerai encore, que lorsque les auteurs parlent des sciences apportées en Egypte par les Ethyopiens; ils parlent des anciens habitants de Méroé qui ont colonisé l'Egypte. Mais lorsqu'ils parlent des Ethyopiens plus nouveaux, ils entendent les ancêtres des pasteurs, qui aujourd'hui même habitent l'Atbara. Alors ils étoient gouvernés par un collège de prêtres restés à Méroé.
98			
97			
96			
95			
94			
93			
92			
91			
90			
1989			
88			
87			
86			
85			
84			
83			
82			
81			
80			Vers l'an 1986 Semiramis règne.
1979			
78			
77	LACHARES		ou Labares règne 8 ans. Il fait construire le Labyrinthe d'Arsinoé pour lui servir de tombeau.
76			
75			
74			
73			
72			
71			
70	AMMERES		règne huit ans. Ici commence la durée de 245 ans des descendants de Lachares.
1969			
68			
67			
66			
65			
64			
63	AMMENEMES		règne huit ans.
62			
61			
60			
1959			
58			
57			
56	SKEMIOPHRIS		soeur d'Amménemes, règne 4 ans.
55			
54	*Dynastie Diospolite*	*Dynastie Xoïte.*	
53			
52			
51	MYRTEUS	SESSONCHORIS	règne 49 ans, et à sa première année commence la durée de 484 ans de la Dynastie Xoïte.
50			

	Suite descendants des Lachares.	Suite de la Dynastie Xoïte.	
1949 48 47 46 45 44 43 42 41 40			Myrteus est aussi appellé Ammonodotus ou donné par Ammon, il règne 22 ans. Vers l'an 1948. Semiramis fait la conquète du Khousistan. La douzième Dynastie finit donc vers l'an 1952, par une reine appellée Skémiophris, et alors s'effectue la division de l'Egypte, qui avoit lieu dans le siècle suivant lors de l'arrivée des Pasteurs, et tandis que les descendants de Lachares, continuent à règner à Diospolis et empietent sur l'autre Dynastie Diospolite, la basse Egypte voit se former une nouvelle Dynastie, dont le huitième Roi, après Sessostris est Achorreus le même que le Uchorreus de Diodore.
1939 38 37 36 35 34 33			Vers l'an 1945 Ninyas, monte sur le Trône, son indolence est cause que l'Asie se partage en petites monarchies. A la place de la Dynastie du Khousistan, qui appartenoit à la race Khouchite. Il se forme une Dynastie Semitique dans l'Elymaïs, mais dès que l'Empire d'Assyrie reprend de la force; cette Dynastie finit, et c'est ainsi que la Dynastie des Pischdadiens est separée de celle des Caïanides, par toute la durée de l'Empire Assyrien.
32 31 30	THYOSIMARES	.....	le fort, c'est-à-dire le soleil, règne 12 ans.
1929 28 27 26 25 24 23 22 21			Beau Synchronisme de la conquète du Khousistan par Semiramis et de l'émigration maritime d'Erythras. On doit étudier l'histoire d'Erythras dans Pline et Strabon. *Les tombeaux de Thèbes sont peut-être ceux des Rois de cette Dynastie. L'on y voit des peintures qui représentent les instruments, et la pratique de tous les arts, et j'observerai à ce sujet que selon Abulfaradje, le premier Hermes avoit fait sculpter sur des colonnes, les instruments,*
20	THYNILLUS	.....	règne 8 ans. Son nom veut dire: celui qui accroit l'Empire de son père.
1919 18 17 16 15 14			*de tous les arts, afin que la mémoire ne s'en perdit pas, c'étoit aussi l'idée des Encyclopédistes.*
13 12 11 10	SEMPHRUKRATES	.....	règne 18 ans. Son nom veut dire: Hercule Harpocrate.
1909 8 7 6 5			Vers l'an 1907, Arius règne sur l'Assyrie. Beau Synchronisme avec Abraham. Vers la même année commence la durée de 430 ans, qui s'est écoulée entre l'arrivée d'Abraham en Chanaan, et la sortie des Juifs, ou la durée de 910, qui s'est écoulée, entre la même entrée et la fondation du temple. Le passage sur lequel se fonde cette epoque est
4	.....	AMMENEMES	règne 29 ans.
3 2 1 1900			très remarquable. Il est dit dans la Génese C. 15. v. 13, que le Seigneur parlant à Abraham, lui dit: „Ta posterité sera etrangère „dans une terre qui ne sera point à elle, elle servira et sera mal „traitée pendant quatre cents ans. — Ou ceci est une prophetie et alors l'epoque est juste, ou bien elle a été faite après coup, et alors elle est encore juste, car l'on n'auroit pas mis une faute

	Suite des descendants de Lachures.	Suite de la Dynastie Xoïte.		
1899			de Chronologie dans la bouche du Seigneur. Je présente mon argument sous cette forme. Parceque la Chronologie est faite pour les hommes de toutes les réligions.	
98				
97				
96				
95				Lorsque Semiramis s'empara du Khousistan Erythras, Héros Kabire, s'embarque sur des sortes de radaux et se hasarde dans l'ocean Indien en suivant les côtés de l'Arabie. Erythras meurt pendant le voyage, mais les Colons navigateurs arrivent au fond du Golphe Arabique et se divisent en deux parties. Les Petrousim fondent Petra et les Khasloïm la Cassiotide. C'est-à-dire Péluse, puis les Petrousim vont à Gerare, où Abraham les trouve déjà.
94				
93			*Dynastie Pelusiaque.*	
92				
91				
90				
1889			CURUDES.	
88	. . . . . .	. . . . . .		
87				
86	CHUTER-TAU-RUS	. . . . . .	. . . . . .	Tyran règne 7 ans.
85				Vers 1878 Arelius est Roi de l'Assyrie qui redevient une puissance.
84				
83				Véritable ère de la prediction faite à Abraham.
82				
82				
80	MEURES	. . . . . .	. . . . . .	Surnommé Philoskorus, règne 12 ans.
1879				
78				
77				
76	. . . . . .	AMASIS.	. . . . . .	règne 2 ans.
75	. . . . . .	AKESEPH-THRES		
74			. . . . . .	règne 13 ans.
73				
72				
71				
70				
1869	CHOMA-EPHTA	. . . . . .	. . . . . .	règne 11 ans. Son nom veut dire: le monde aimant Vulcain.
68				
67				
66				
65				
64				
63	. . . . . .	ACHORREUS	. . . . . .	règne 9 ans.
62				
61				
60				
1859	ANKUNIUS	. . . . . .	. . . . . .	le fort Tyran, règne 60 ans. Il doit être le même que Timeus, dont le nom est Grec.
58				
57				
56				
55	. . . . . .	AMIYSES.	. . . . . .	règne 4 ans.
54				
53				
52	. . . . . .	CHAMOIS.	. . . . . ,	règne 12 ans.
51				
50				

	Suite des descendants de Lachares.	Suite de la Dynastie Xoïte.	Suite de la Dynastie Pelusiaque.	*Pasteurs Arabes.*	
1849					
48					
47					ou plutôt El-Selath, pasteur Arabe, fond sur l'Egypte, devaste le pays et s'établit à Heliopolis séparant ainsi les deux provinces, mais il élève une fortesse à Evaris contre les Assyriens, qui étoient redevenus une puissance.
46				SALATIS.	
45					
44					
43					
42					
41	. . .	AMMESISES	. . .	. . .	règne 65 ans.
40					
1839					Vers l'an 1839 Xerxès devient Roi d'Assyrie.
38					
37					
36	. . .	. . .	. . .	BEON.	
35					
34					Vers l'an 1832 Enach ou Inachus quitte Peluse et va fonder Argos.
33					
32					
31					
30					Nous avons pour ces tems reculés, une très bonne Chronologie, qui est celle de Varon, que nous a conservée St. Augustin, et nous y voyons, qu'avant l'arrivée d'Inachus, les moeurs des Titans avoient pénetré dans la Grece. Ce que l'on reconnoit à deux conformités.
1829					
28					
27					
26					
25	. . .	. . .	ARISTARQUE		
24					
23					
22					
21					
20					La première est, que les princesses y avoient commerce avec les dieux.
1819					
18					
17					La seconde, que les grands Rois étoient mis au nombre des Dieux. Ainsi le tombeau de Turimaque, Roi de Sicionne étoit devenu un temple, comme il étoit arrivé au tombeau de Bélus.
16					
15					
14					
13					
12					
11					
10					
1809					
8					
7					
6					
5					
4	. . .	. . .	. . .	. . .	C'est vers ce tems ci, que l'on place la mort d'Abraham. Son âge n'est point employé en Chronologie. Mais seulement l'année de la naissance d'Isaac. Observez, que
3					
2					
1					
1800	PENTHEATYIRS				

	Suite des descendants de Lachares.	Suite de la Dynastie Xoïte.	Suite de la Dynastie Pelusiaque	Suite des Pasteurs.	
1799					dans le texte Hébreu, il y a tou-
98					
97					jours: „vous avez été 400 ans
96					„esclaves en Egypte. — Mais les
95					70 ont toujours ajouté „Et en Pa-
94					lestine, et c'est là, la correction im-
93					
92	.....	.....	.....	PACHNAS	portante dont je parle ci-dessus.
91	.....	.....	SPANIUS.		p. 11.
99					C'est ici l'epoque du Déluge d'Ogyges,
1789					dont Diodore parle en ces termes:
88					*On dit que la mer du Pont fermée*
87					*autrefois comme un lac, fut alors*
86					*tellement grossie par les eaux des*
85	Lacune.	.....	.....	.....	La preuve qu'il y a ici une lacune, c'est que l'on voit ensuite un Stamménemes second tandis qu'il n'y a point eu de Stammenemes premier, et puis vient une Dynastie dont Eratosthênes ne fait pas mention, parcequ'elle se trouvoit déjà dans Manéthon.
84					
83					
82					
81					
80					*fleuves qui s'y jettent; qu'elle s'éle-*
1779					*va impétueusement par dessus ses*
78					*rivages, et répandit sur les cam-*
77	.....	Anonyme.	.....	.....	règne 14 ans.
76					Vers l'an 1773, Belochus règne en Assyrie, et il offre un beau synchronisme avec Haikatz, Roi d'Arménie.
75					
74					
73					*pagnes de l'Asie, les eaux qui for-*
72					*ment aujourd'hui la Propontide. On*
71					*ajoute qu'une grande partie de la*
70					*Samothrace, en fut aussi submer-*
1769					*gée de telle sorte, que long-tems*
68					*après les pêcheurs tiroient encore*
67					*dans leurs filets des chapitaux de*
66					*colonnes, qui marquoient que cette*
65					
64	.....	UZE	.....	.....	règne 50 ans.
63					*mer couvroit des ruines de villes.*
62					*Les lieux les plus elevés de l'isle*
61					*servirent seuls de refuge contre*
60					*ce débordement. Mais la mer*
1759					*montant toujours, les insulaires*
58					*eurent recours aux Dieux, et*
57	.....	.....	Premier Anonyme.	APOPHIS	Le même qu'Epaphus comme il étoit Inachide ou Pha-Enach ou Phenicien. La Dynastie prend le nom de Phénicienne.
56	.....	.....			
55					
54					*ayant obtenu d'eux leur salut; ils*
53					*marquèrent les bords de l'inonda-*
52					*tion et y dressent plusieurs autels,*
51					*sur lesquels ils sacrifient encore*
50					*aujourd'hui.*

	Suite des descendants de Lachares.	Suite de la Dynastie Xoïte.	Suite de la Dynastie Pelusiaque.	Suite des Pasteurs.	
1749					Il est dit positivement, que la mer s'elèva par-dessus ses rivages, et non pas qu'elle les rompit ou se fit jour à travers. Il est donc à croire, que le pont Euxin resta un lac jusqu'au Déluge de Deucallion.
48					
47					
46					
45					
44					
43					
42					Et qu'alors les causes, qui avoient agi sur le Bosphore Cimerien, agissant sur la côte de Thrace, y pratiquèrent un passage, ou élargirent celui qui y étoit.
41					
40					
1739					
38					
37					
36					Et ce fut alors, que les roches Cyanées, ou Symplegades, s'ébranlèrent sur leurs bases et parurent s'entrechoquer.
35					
34					
33					
32					(*Diod. loco citato, Herodote l. 1. p. 25. Apollonius l. 2. Pline l. 6. cap. 1. — Ammien etc. etc.*
31					
30					
1729	*Dynastie*	. . . . .	. . . . .	. . . . .	Fin des descendants de Lachares.
28	*Diospolite.*				
27					
26	AMOSIS	. . . . .	. . . . .	. . . . .	Amosis appellé aussi Thémusis, règne 25 ans.
25					
24					
23					Cet Amosis a été confondu avec le Thetmosis, qui chassa les Pasteurs; et delà toute la confusion de la Chronologie.
22					
21					
20					
1719	. . . . .	. . . . .	Second Anonyme.	. . . . .	
18					
17					
16					
15	. . . . .	RAMESSES	. . . . .	. . . . .	Règne 29 ans.
14					
13					Vers l'an 1710, les Arcadiens, gênés dans l'Arcadie, par les colonies Inachides, se répandent dans l'Italie où ils trouvent déjà d'autres étrangers, dont les uns étoient Rhétiens, d'autres Iberes, et d'autres Celtes. Il faut étudier cette partie de l'histoire, ayant Denys d'Halicarnasse dans une main, et Pline dans l'autre.
12					
11					
10					
9					
8					
7					
6					
5					
4					
3					
2					
1					
1700	CHEBRON	. . . . .	. . . . .	. . . . .	Fils d'Amosis, règne 13 ans.

	Suite de la Dynastie Diospolite.	Suite de la Dynastie Xoïte.	Suite des Pasteurs	Suite de la Dynastie Pelusiaque	
1699					Apophis étoit de l'aveu de toute l'antiquité, le Pharaon de Joseph. C'est le Syncelle qui nous l'enseigne.
98					
97					
96					
95	. . .	. . .	JANIAS		
94					
93					
92					
91					
90					
1689					
88	AMENOPHIS	. . .	. . .	. . .	Règne 21 ans.
87	. . .	RAMESSOMENES			
86			. . .	. . .	Règne 15 ans.
85					
84					
83	. . .	. . .	. . .	SERAPIS	Il est probable, que la guerre des Egyptiens contre les Pasteurs, commença après le règne d'Apophis, et par consequent sous celui de Janias.
82					
82					
80					
1679					
78					
77					Il est dit, que sous Misphragmuthosis la guerre duroit déjà depuis longtems.
76					
75					
74					
73	. . .	THYSIMARES	. . .	. . .	Règne 31 ans.
72					
71					
70					Serapis ou Sar-Apis, qui en langue Orientale veut dire: le Prince Apis, étoit un Inachide, après avoir règné trente-cinq ans à Argos, il ramena à Péluse une partie de la tribu Gaphtor, qui en étoit sortie vers l'an 1832.
1669					
68					
67					
66					
65					
64					
63					
62					
61					
60					
1659	MISPHRAGMUTHOSIS				
58		. . .	. . .	. . .	Règne 25 ans et 9 mois.
57					
56					
55					
54					
53	. . .	.	. . .		
52				La Dynastie Pelusiaque finit ici et se reforme dans le siècle suivant.	
51					
1650					

	Suite de la Dynastie Diospolite	Suite de la Dynastie Xoïte.	Suite des Pasteurs.	
1649				Vers ce tems-ci Misphragmuthosis réunit ses troupes à celle du Roi de la Basse-Egypte, et force les Pasteurs à quitter Heliopolis et se renfermer à Evaris.
48				
47				
46				
45	. . .	. . .	HARCLES	Appellé aussi Asseth.
44				
43				
42				En ces tems là, les Chaldéens étoient une puissance. Ils firent la guerre aux Phéniciens, c'est-à-dire aux Pasteurs, lorsque ceux-ci quittèrent Evaris et vinrent en Palestine.
41				
40				
1639				
38				
37				
36				La monarchie Chaldenne se continua jusqu'à Cusan Ressathaïm.
35				
34				
33	THETMOSIS	. . .	. . .	Règne 9 ans, et 8 mois.
32				Il fait le siège d'Evaris, avec une armée de 180 mille hommes. Les Pasteurs capitulent, sortent avec leurs biens, traversent le désert et vont en Palestine et Syrie. La crainte des Assyriens fait qu'ils n'osent avancer davantage. Ils batissent Jerusalem.
31				
30				
1629				
28				
27				
26				
25				
24	AMENOPHIS	. . .	. . .	Règne 30 ans et 10 mois, c'est lui qui fut la pierre parlante.
23				
22				
21	. . .	RAMESSE-MENO		
20			. . .	Règne 19 ans. Ici commence la Dynastie des quatre Rois Memphites de l'ancienne Chronique.
1619				
18				
17				Les guerriers d'Evaris établis en Palestine, y forment nombre de petites souverainetés. Pour ce qui est de Harcles, il paroit qu'il dut passer les dernieres années de son règne à Peluse.
16				
15				
14				
13				
12				
11				
10				
1609				
8				
7				
6				
5				
4				
3	. . .	RAMESSES	. . .	Fils de Baétis, règne 19 ans.
2	. . .	. . .	. . .	
1				
1600				La Dynastie des Pasteurs finit ici, mais elle est aussitôt remplacée par la Dynastie Pelusiaque.

	Suite de la Dynastie Diospolite.	Suite de la Dynastie Xoïte.	Dynastie des Past. Grecs.	
1599				Il y a ici un Synchronisme de trois événements, qui méritent la plus grande attention. 1. L'émigration des Gaphtors, qui sortant de la Cassiotide, chassent les Hevéens de la côte de Phénicie et s'y établissent à leur place. (Deutorn. c. 2. V. 23.) 2. L'émigration maritime de Cecrops, autre Prince Gaphtor, qui vient à Athènes l'an 1582 avant notre ère, selon les marbres. 3. Enfin le règne de Belus, petit-fils d'Apophis, qui commence la Dynastie des Pasteurs Grècs, précisément dans le pays qui venoit d'être abandonné par les Gaphtors.
98				
97				
96				
95				
94	ORUS			
93				
92				
91				
90				
1589				
88				
87				
86				
85				
84				
83				
82				
81	.....	.....	BELUS	Il bâtit Tanis. Sept ans après que Hebron fut rebatie sous le nom de Kiriat Arbe.
80				
1579				
78				
77				En l'année 1574, selon les marbres: Deucallion commence à règner en Lycorie, comme Cecrops règnoit encore à Athènes. En ce tems les Pelasges quittêrent la Thessalie et se repandirent dans l'Italie, où ils se joignirent, non pas aux Arcadiens Aborigenes, mais aux Thyrreniens. (Denys d'Habicarnasse). Les Thyrreniens étoient des Rhetiens subjugués et dénaturés par une Colonie d'Asiens-Lydiens.
76				
75				
74				
73				
72				
71				
70				
1569				
68				
67				
66				
65	.....	RAMESSE-VAPHRE	.....	Règne 29 ans.
64				
63				*Vers l'an 1560 naquit Moyse, la Bible dit: qu'il vint un nouveau Roi, qui n'avoit pas entendu parler de Joseph. Selon Flavien c'étoit une nouvelle Dynastie. En effet, la Dyna-*
62				
61				
60				
1559				
58	ACENCHRES	.....	.....	Fille d'Orus, règne 12 ans et 3 mois.
57				
56			EGYPTUS	ou Ramesses fils de Bélus.
55				*stie Xoïte, s'étant transportée à Memphis, avoit pris le nom de Memphite, au lieu que les juifs avoient été accueillis par les Pasteurs.*
54				
53				
52				
51				
1550				

	Suite de la Dynastie Diospolite.	Suite de la Dynastie Xoïte.	Suite de la Dynastie Pelusiaque	
1549				Pour peu, que l'on étudie avec attention l'histoire de l'Egypte, l'on y démêlera aisément les exploits d'Egyptus, d'avec ceux des autres Rois confondus par les Grecs sous le nom de Sessostris.
48				
47	RHATOTIS			
46				
45				
44				
43				1. D'abord nous voyons des expéditions maritimes sur la mer rouge et sur la mer méditerranée. Or les vrais Egyptiens n'ont point eu de marine, et il falloit un Inachide pour leur en donner une.
42				
41				
40				
1539				
38				
37	. . .	CONCHARIS		2. Egyptus résidoit à Peluse, ville des Inachides, et qui n'a même pas de nom en Egyptien.
36	ACHENCHERES			
35				3. Ses demêlés avec son frère Danaus ou Armaïs, suffiroient à nous le faire reconnoître.
34				
33				Egyptus Ramesses acquert la basse Egypte, et finit ainsi la Dynastie Xoïte devenue Dynastie de Memphis.
32				
31	. . .	. . .	. . .	
30				
1529	. . .	. . .	. . .	*Déluge de Deucallion, ce Prince pour éviter les eaux se retire à Athènes, où il bâtit un temple à Jupiter sauveur. Cranaus règnant à Athenes* (Chronique des marbres.)
28				
27				
26				
25	. . .	. . .	Egyptus Ramesses, aquiert la haute Egypte et finit ainsi la Dynastie Diospolite, ou pour mieux parler il l'interrompt.	
24				
23			(1521) *Hellen, fils de Deucallion, règne en Phtiotide, et donne le nom d'Hellenes aux habitants qui auparavant s'appelloient Grecs. L'on établit à Athenes les jeux Panathéniens sous le règne d'Amphiction, Rois d'Athenes.* (Chronique de Paros.)	
22				
21				
20				
1519	. . .	. . .	*Cadmus, fils d'Agenor, vient à Thebes, et bâtit la Cadmée sous le règne d'Aphictyon, Roi d'Athenes.* (Chronique de Paro.)	
18				
17				
16	. . .	. . .	*Eurotas et Lacédemon commencent à règner ensemble en Lacome pendant qu'Amphiction étoit Roi d'Athenes.* (Chron. de Paro.)	
15				
14				
13				
12				
11	. . .	. . .	*„Le navire Pentecontere est conduit d'Egypte en Grece (par „Danaus) qui arriva d'abord dans l'isle de Rhode (avec ses „filles.) Elles bâtirent un temple et sacrifièrent sur le rivage „de Linde, par le ministère de Helice et d'Archedise, deux „d'entre elles qu'elles choisirent au sort, pendant que Erichtyon „étoit Roi d'Athenes.* (Chron. de Paro).	
10				
1509				
8				
7				
6				
5				
4				
3				
2	. . .	. . .	Vers ce tems ci Egyptus meurt, et l'Egypte rentre sans effort au pouvoir des naturels.	
1				
1500				

Années	Dynasties		
1499 98 97 96 95 94 93 92 91 90 1489 88 87 86 85 84 83 82	Suite de la Dynastie Diospolite AMENOPHIS		L'Egypte rentrée au pouvoir des naturels n'en n'étoit pas moins remplie d'étrangers, et les prêtres voyant un culte nouveau, crièrent à l'impureté. Quelques un de ces étrangèrs étoient de la race orientale, et s'étoient rassemblé dans la terre de Gochen, autour des enfants de Jacob. D'autres étoient des esclaves enlèvés dans leur pays par Egyptus. D'autres étoient des Inachides; qui avoient suivi Egyptus dans ses conquetes. Aménophis étoit d'un caractère superstitieux. Les prêtres l'assurèrent que s'il chassoit les étrangers de l'Egypte, il verroit les Dieux face à face, et recevroit le dernier degré de l'innitiation. — Quelques uns de ces étrangers avoient la lèpre, et ce vice de leur sang prouvoit leur impureté morale. Aménophis prêta l'oreille aux exhortations des prêtres et envoya aux travaux publics, tous les impurs, parmis lesquels il se trouva des lettrés, et des prêtres. Mais on implora la pitié d'Amenophis en faveur des impurs et il leur permit de s'établir, et même de se fortifier à Evaris ancienne forteresse des Pasteurs. Les Impurs ne tardèrent pas à profiter de l'imprudence d'Aménophis, et elurent pour leur chef un prêtre d'Héliopolis appellé Osars-Oyr, ce qui vouloit dire, en copte pretre d'Osiris.
81 80 1479 78 77 76 75 74 73 72 71 70 1469 68 67 66 65 64 63 62 61 60 1459 58 57 56 55 54 53 52 51 1450	*Dynastie des Past. Grecs.* BUSIRIS . . .	*Rois d'Egypte prétendant retirés en Ethyopie.* SETHOS	Ce nouveau chef fonda une réligion toute opposée à celle des Egyptiens. Après quoi il députa vers les anciens Pasteurs rétirés à Jerusalem, et leur proposa la conquète de l'Egypte. — Ils vinrent au nombre de deux cent mille hommes. Des armées aussi nombreuses n'étoient point rares alors, parce que tout homme en état de porter les armes étoit guerrier. Aménophis se mit à la tête de trois cent mille hommes, et s'entoura de prêtres et d'animaux sacrés, mais il n'osa combattre, et se rétira en Ethyopie, laissant à un ami le soin d'élever et de lui conserver son fils Sethon. Pendant ce tems là, les enfants de Jacob qui étoient resté à Gochen avoient pris le chemin du désert et passé le golphe de Suez, on voulut les poursuivre, et l'armée Egyptienne périt dans les flots. Celui qui la commandoit est appellé dans l'écriture Roi d'Egypte. C'étoit apparament celui qui gouvernoit le pays après le départ du foible Amenophis. Cependant les guerriers de Palestine, réunis aux hommes impurs d'Evaris entrent en Egypte, font mourir les prêtres, mangent les animaux sacrés, et établissent une nouvelle Dynastie, dont les Princes étant du sang Inachide, et alliés aux Rois d'Argos ouvrent de fréquentes communications avec la Grece.

	Suite de la Dynastie des Pasteurs Grecs.	Suite des Rois d'Egypte pretendants retirés en Egyptie.
1449		
48		
47		
46		
45		
44		
43		
42		
41		
40	Un Anonyme.	
1439		
38		
37		
36		
35		
34		
33		
32		
31		
30		
1429		
28		
27		
26		
25		
24		
23		
22		
21		
20		
1419		
18		
17		
16		
15		
14		
13		
12		
11		
10		
1409		
8		
7		
6	. . . . .	RHAPHACES ou RHAPSES.
5		
4		
3		
2		
1		
1400		

L'effet naturel de la conquète de l'Egypte, fut que la Palestine se dégarnit de guerriers, et notamment de ces Inachides, dont la race étoit venue d'Héliopolis à Evaris, d'Evaris à Jerusalem, et qui étoit enfin retournée en Egypte.

Cependant quelques heros Inachides, enfants d'Enach, étoient restés à Hebron ou Kiriat Arbé, et revétus de leurs armes de bronze, coeffés de casques et de crêtes, montés sur leur char de guerre. Ils paroissoient encore si terribles que les espions de Moyse lui dirent: „Nous ne pouvons combattre de pareils géants, et auprès d'eux, nous „n'avons l'air que de sauterelles.

Mais il règnoit peu d'accord entre les petites puissansances de la Palestine. Les juifs entamèrent celles qui étoient l'Orient de la mer morte, et alors eut lieu une nouvelle émigration qui acheva d'affoiblir le pays, et Iosué s'en empara sans peine.

La nouvelle émigration fut en grande partie composée d'Amorhéens et en moindre partie de guerriers Inachides, qui se mirent sous la conduite d'un Prince Inachide, natif de Daphné-Pélusiaque, appellé Dibdas et surnommé Hercule. Les nouveaux colons demandèrent des terres en Egypte, on leur en rêfusa, et ils furent obligés de continuer leur marche et de pousser jusqu'aux extremités de l'Afrique.

Les Amorrhéens connus ensuite sous le nom de Maurusiens, ne se mêlèrent point aux naturels du pays. Ils continuerent à parler la langue Orientale, et se confondirent ensuite avec les Arabes, qui la parloient aussi.

Quelques auteurs ont dit, que Busiris fut tué par l'Hercule de Daphné. Mais la Dynastie des Pasteurs Grecs n'en fut point interrompue, et les communications avec la Grece furent continuées.

Alors Persée alla voir ses parents à Chemmis.

Alors un pirate enlèva des prêtresses à Thèbes. (selon Herodote.

Alors aussi les Grecs adoptèrent les mystères Egyptiens, et il est impossible en étudiant l'histoire de la Grece de méconnoître, l'heureuse influence que ces rites nouveaux exercèrent sur la civilisation. La religion du serment devint un des grands moyens de la législation, et la puri-

Années	Suite des Pasteurs Grecs	Suite des Rois d'Egypte prétendants rétirés en Ethyopie	Dynasties des Pasteurs de Thebes.
1399			
98			
97			
96			
95			
94			
93			
92			
91			
90			
1389	MOERIS		
88			
87			
86			
85			
84			
83			
82			
81			
80			
1379			
78			
77			
76			
75			
74			
73			
72			
71			
70			
1369			
68			
67			
66			
65			
64			
63			
62			
61			
60			
1359			
58			
57			
56			
55			
54			STAMENEMES I.
53			
52			
51			
1350			

fication dans les eaux lustrales rendit à la societé des coupables en qui la vertu n'étoit pas encore tout à fait éteinte. Cecrops avoit oté aux femmes d'Athènes le droit de donner leurs noms à leurs fils, comme c'étoit la coutume des anciens Titans de la race de Memrumos, (selon Sanchoniaton). Les familles ne pouvant plus être perpetuées par les filles, les Princesses Inachides furent plus rarement séduites par les Dieux. Nous voyons dans Appollodore, que l'une d'entre elles qui se pretendoit enceinte du fait de Mercure, reçut de son frère tant de coups de talon dans le ventre qu'elle en mourut. Enfin la ferocité des Titans fit place par tout à un ordre social, plus doux et meilleur.

Tous ces avantages furent dus à l'introduction d'un culte, qui n'étoit ni celui de l'Egypte ni celui de la Phenicie, mais qui fut mêlé de l'un et de l'autre, et modifié par Orphée, et Melampus.

Ce qui eut lieu lorsque l'Egypte soumise aux Inachides de Peluse, fut tout naturellement ouverte à ceux de la Grece, et que les Rois d'Egypte retirés en Ethyopie, n'avoient plus le pouvoir d'en écarter les étrangers.

Ces Inachides de Peluse sont appellés par Manéthon, Pasteurs Grecs, en effet leur origine remontoit à des Princes qui avoient règné en Grece. Ils ne comptent point parmis les Rois d'Egypte, mais ils en étoient d'autant plus connus des Grecs, et surtout Moeris qui paroit avoir été le dernier et dont Hérodote nous à donné l'époque avec beaucoup de précision.

Tout les événements de ce siècle et leur engencement, ainsi que les rapprochements des écrivains Egyptiens, Grecs et Hebreux, ont été exposés dans mon ouvrage sur Manethon imprimé à Florence, mais non pas suffisament expliqués, car le résultat d'une longue étude ne sauroit être dévelopé dans quelques pages.

Nous avons observé déjà qu'après Pentheathyris il y avoit une lacune qui tomboit sur les derniers descendants de Lachares, et qu'ensuite venoit la fameuse Dynastie des Rois qui détruisirent les Pasteurs dont Eratosthènes, ne fait point mention, parce que Manéthon en avoit donné la liste.

	Dynastie des Past. de Thèbes	Dynastie des Pasteurs Grecs	Dynastie des Rois d'Egypte retirés en Ethyopie.	
1349				règne 22 ans. L'âge de Fhruron avant-dernier Prince de cette Dynastie est fixé par Dicearque, et la preuve que c'est ici la Dynastie de Thèbes, c'est que Manéthon l'avoit mise dans son second livre.
48	STAMENEMES II.			
47		. . .		
46				
45				
44				
43				
42				
41			AMENEPHTES	Sort de l'Ethyopie avec une nombreuse armée, et fait rentrer l'Egypte, au pouvoir des naturels. Il laisse subsister la Dynastie des Pasteurs de Thèbes, qui probablement n'avoit pas plus d'importance que les Dynasties, fondées de tems à autre par les Ababdes et les Arabes, en diverses parties de la haute Egypte.
40	. . .	. . .		
1339				
38				
37				
36				
35				
34				
33				
32				
31				
30				
1329				
28				
27				
26	SISTOSICHERMES	. . .		ou force d'Hercule, règne 55 ans.
25				
24				*Vers ce tems-ci, l'on établit les premiers combats Gymniques à Eleusis.* (Chronique de Paros.)
23				
22				
21				
20				
3119				*Vers ce tems l'on fonde en Arcadie les fêtes Lycées.* (Chronique de Paros.)
18				
17				
16				
15				
14				
13				
12				
11				
10				Amenephtes, après avoir débarassé l'Egypte des Pasteurs, les poursuit au-délà de la Palestine, jusqu'en Syrie. Son fils Ramesses. Avoit une armée séparée avec laquelle il tente des expéditions lointaines, et c'est lui qui est le Sessostris d'Herodote, qui lui attribue aussi ce qui n'appartenoit qu'à Egyptus.
1309				
8				
7				
6				
5				
4				
3				
2	. . .	. . .		*Vers ce tems-ci Hercule est innitié aux mystères d'Eleusis.* (Chronique de Paros.)
1				
1300				

	Suite des Past. de Thèbes	Suite des Rois d'Egypte	
1299			
98			
97	. . .	RAMESSES	Succède à son père. Vers ce tems-là l'Egypte fut fermée aux étrangers, et des peuples Nomades établis près de Rhacotis et de Péluse, furent chargés de sévir même contre les naufragés.
96			
95			
94			
93			
92			
91			
90			
1289			Nous avons pour cette époque, une curieuse notion sur les forces de Jabin, Roi de Chanaan. Il avoit neuf cent chars de guerre. Ce qui ne suppose pas plus de dix huit cent chevaux. Il étoit cependant le plus puissant monarque de la Palestine.
88			
87			
86			
85			
84			
83			
82			Alors une phrophétesse appellée Debora se tenoit sous un palmier et jugeoit les procès des Israelites. Nous avons d'elle un Cantique, qui peut passer pour un chef d'oeuvre de Poësie.
81			
80			
1279			
78			
77			
76			
75			
74			
73			
72			
71			
70			
1269	MARIS	. . .	règne 43 ans.
68			
67			
66			
65			
64			
63			
62			
61			
60			
1259	. . .	. . .	*Thesée rassemble les douze cantons des Athéniens, pour n'en faire qu'une cité commune. Il introduit dans Athènes dont il étoit Roi, le gouvernement populaire, et institue des jeux dans l'Isthme après que Sinis fut tué.*
58			
57			
56			
55			
54			
53			
52			
51	. . .	. . .	*Eteocle Adraste Amphiaraus règnent à Argos et fondent les jeux Néméens, Thesée règnant à Athenes.* (Chronique de Paros.)
1350			

	Suite des Past. de Thèbes	Suite des Rois d'Egypte	
1249			Après les tems de Débora. Les Madianites, peuple de race Arabe, s'emparèrent des vallées de la Palestine, et forcèrent les Israelites à se retirer en des lieux inaccessibles. Gedeon appellé aussi Jerubbaal, delivra le pays de ces maitres facheux. Il exigea de chaque Madianite, son diadème d'or, ce qui lui procura une somme de mille sept cent sicles d'or. Les Madianites, et même leurs chamaux portoient des colliers d'or. Gedeon employa ce butin, à se faire une Ephod, il s'en revetit dans la ville d'Ophra et se constitua ainsi grand Prêtre.
48			
47			
46			
45			
44			
43			
42			
41	. . .	AMMENEMES	
40			
1239			
38			
37			C'est alors qu'il reçut la visite de Sanchoniaton prêtre de Beryte et curieux d'Antiquités. Il est à croire que ce savant Phénicien dut trouver dans la Bibliothéque du Pontife de la nation juive, non seulement les livres que nous connoissons, mais encore le livre des justes, cité dans Josué; le livre des guerres du Seigneur, cité dans le livre des nombres c. 21, v. 14, et plusieurs autres aujourd'hui perdus.
36			
35			
34			
33			
32			
31			
30			
1229			
28			
27	SIPHOAS	. . .	Que l'on appelle aussi Mercure, fils de Vulcain, règne 5 ans.
26			
25			
24			
23	Anonyme.		
22			
21			
20			
1219			
18	. . .	. . .	*Les Grecs entreprennent le siège de Troye dans la treizieme année de Mnesthée, Roi d'Athenes.* [Chronique de Paro].
17			
16			
15	. . .	THUORIS	Le même que le Polyblus d'Homère.
14			
13	PHRURON	. . . . .	Le même que Nilus dont l'Epoque est fixées par Dicearque.
12			
11			
10			
1209	. . .	. . . . .	*Les Grecs prennent la ville de Troye à la fin du septieme jour du mois Thargellion l'an 22 de Mnesthée, Roi d'Athenes.* [Chron. de Paro.]
8			
7			

De tout ce que je viens de dire, il resulte un accord si non parfait, au moins très suffisant entre la Chronologie de Manéthon, celle des juifs, celle des Grecs, prise dans la Chronique de Paros, et celle des Babyloniens, prise dans Bérose, et il resulte aussi que tout ceci est de l'histoire, car les fables n'ont point de Chronologie.

L'accord des écrivains de nations différentes, constitue un ordre de preuves, à peu près irrécusables. Les fables reculent devant elles. Mais au-delà d'une certaine Antiquité l'on ne trouve plus que l'accord des fables. Partout des Théogonies et des Théomachies. Les amours et les combats des Dieux. La Chronologie n'y peut plus servir, et la Géographie n'y peut guider, car il est douteux, que nos mers méditerranées existassent à cette époque reculée, et que nos continents eussent la forme qu'ils ont aujourd'hui. La méthode approximative que j'ai appliquée à la Chronologie, la rend susceptible d'être tous les jours perfectionnée par des recherches ulterieures, sur les durées particulières. Mais ils est dans la connoissance du passé une borne que l'esprit humain ne passera jamais. Et comme je l'ai dit ailleurs, cetté borne est placée à quarante siècles avant notre ère.

FIN

www.ingramcontent.com/pod-product-compliance
Ingram Content Group UK Ltd.
Pitfield, Milton Keynes, MK11 3LW, UK
UKHW020219200726
13856UKWH00004B/1504

9 782011 925237